DÉCISION

Relative à la prise du Navire les Trois-Amis [the Three-Friends.]

Du 2 Ventôse an 12.

AU NOM DU PEUPLE FRANÇAIS.

NAPOLÉON BONAPARTE, PREMIER CONSUL DE LA RÉPUBLIQUE, à tous ceux qui les présentes verront, SALUT; faisons savoir que le Conseil des Prises, établi par l'arrêté des Consuls du 6 germinal an 8, en vertu de la loi du 26 ventôse précédent, a rendu la décision suivante:

Entre *Louis - Lambert Mascillier,* négociant français, agissant tant en son nom qu'en celui de la maison *Fosdick* et *Lambert,* ci-devant établie à Boston, propriétaire de la goelette, sous pavillon américain, *the Three - Friends* [*les Trois-Amis*], capitaine *James Shepherd,* d'une part;

Et les négocians français *Arnaud, Paillet* et compagnie, établis à la Pointe-à-Pitre, île Guadeloupe, armateurs du corsaire français *les Amis,* d'autre part;

Vu, &c.

Vu les conclusions du commissaire du Gouvernement, déposées cejourd'hui par écrit sur le bureau, et dont la teneur suit :

Le C.en *Lambert Mascillier,* habitant de la Guadeloupe, quitta cette île à une époque de la révolution que j'ignore, et alla établir une maison de commerce à Boston, en société avec le C.en *Fosdick.*

I

Le 3 mars 1798 [13 ventôse an 6], il proposa aux négocians *Arnaud* et *Paillet* de la Guadeloupe, de se charger de la vente des marchandises qu'il leur ferait passer, et de lui envoyer des cargaisons de denrées coloniales en retour, en leur disant, que leur droit de commission serait de deux et demi pour cent tant sur la vente que sur l'achat.

Il leur marquait aussi qu'un navire du Havre venait d'arriver à Boston, et y avait apporté un décret du Directoire de la République française, en date du 8 janvier précédent [19 nivôse an 6], qui défendait à tout bâtiment neutre quelconque, d'introduire dans aucun port de la République des marchandises de fabrique anglaise.

Cela nous empêche, ajoutait-il dans sa lettre, de vous envoyer pour cinquante ou soixante mille livres de marchandises qui nous auraient donné un très-gros bénéfice. Je crois que ce décret n'est que pour l'Europe et non pour les colonies; nous vous prions de prendre et de nous donner des informations certaines à ce sujet.

Il est superflu que j'observe au Conseil que le prétendu décret dont parlait le C.ᵉⁿ *Lambert Mascillier*, était la loi du 29 nivôse de l'an 6, date qui correspond au 18 et non au 8 janvier 1798 (vieux style).

Apparemment que la proposition du C.ᵉⁿ *Lambert Mascillier* fut acceptée, car sa lettre fut suivie d'un premier chargement qu'il adressa aux négocians *Arnaud* et *Paillet*. Ceux-ci lui firent passer en retour une cargaison des productions de la Guadeloupe.

Dans la fin du mois de juin de la même année, le C.ᵉⁿ *Lambert Mascillier* leur fit passer un second chargement de diverses marchandises ; il leur disait, dans une lettre du 28 de ce mois [10 messidor an 6], qu'il n'avait pas voulu leur envoyer un seul article de marchandises anglaises, par la raison que le commerce en était prohibé.

Il leur donnait de plus l'avis qu'un acte du Congrès avait défendu l'expédition d'aucun bâtiment américain pour un port français quelconque, à compter du 1.ᵉʳ juillet lors prochain [13 messidor an 6].

Enfin il leur proposait d'établir une maison à Saint-Barthelemy ou à Saint-Thomas, où il leur ferait passer les objets dont la Guadeloupe aurait besoin, et d'où les cargaisons de retour lui seraient expédiées sur des bâtimens neutres. Il leur recommandait de communiquer cette idée à l'agent du Directoire le C.en *Victor Hugues*, pour lequel il leur fit même passer une lettre.

Avant de partir, le navire fut muni de toutes les pièces nécessaires pour en assurer la navigation; en voici le détail:

1.º Register ou Permanent du 30 octobre 1797 [9 brumaire an 6], qui établit que le navire *Three-Friends [les Trois-Amis]*, sur lequel les marchandises avaient été embarquées, était la propriété d'*Alvare Fosdick* et de *Louis Lambert*, de Boston ;

2.º Passe-port du 29 juin 1798 [11 messidor an 6];

3.º Rôle d'équipage du 28 du même mois [10 messidor];

4.º Connaissement du 29 dudit [11 messidor] ;

5.º Facture en date du même jour ;

6.º Déclaration faite devant un notaire de Boston, sous la même date, des marchandises composant le chargement;

7.º Certificat du commissaire des relations commerciales françaises, sous la même date, de l'affirmation faite devant lui par les chargeurs, qu'il ne se trouvait dans le chargement aucune marchandise provenant des manufactures anglaises, dont l'importation était défendue par la loi du 10 brumaire de l'an 5 ;

8.º Sauf-conduit de ce même commissaire, sous la même date;

9.º Permission de partir, sous la même date encore, délivrée au bureau de la douane, et dans laquelle sont désignés les objets composant le chargement.

Le navire mit à la voile, ayant deux passagers à bord, dont l'un était le C.en *Rivière*, de la Guadeloupe, et emportant plusieurs lettres adressées à divers habitans de cette île.

Un corsaire nommé *les Amis* avait été armé à la Guadeloupe par les Cens *Arnaud* et *Paillet*, consignataires désignés du navire *les Trois-Amis*; le 25 juillet 1798 [7 thermidor an 6], il captura ce navire entre la Désirade et la Guadeloupe, et le conduisit dans cette dernière île.

2

marchandises n'était pas le fait de leurs correspondans; et en conséquence ils conclurent à ce que le navire et la cargaison fussent remis à leur disposition, sauf à être prononcé ainsi que de droit sur le sort des pacotilles et chargemens particuliers dont dépendaient les marchandises de fabrique anglaise.

De son côté, le commissaire du Directoire exécutif près le tribunal de commerce, consulta, le 17 du même mois, l'agent du Directoire exécutif, le C.^{en} *Victor Hugues*, sur la conduite qu'il devait tenir dans cette affaire, de laquelle il lui fit connaître les diverses circonstances.

Voici la réponse que cet agent lui fit le 19 : « Vous ne devez » vous arrêter à aucun détail ni à aucune considération : la loi du » 29 nivôse dernier doit vous servir de règle; vous en devez requérir » l'exécution, et le tribunal doit se conformer à ses dispositions, les » suivre à la lettre. Le bâtiment et sa cargaison me paraissent être » dans le cas qu'elle a prévu. »

Enfin, le tribunal de commerce, après avoir visé le procès-verbal de vérification des marchandises, &c.; considérant qu'il était suffisamment prouvé qu'il existait des marchandises anglaises à bord du navire *les Trois-Amis*, lesquelles n'étaient même portées sur aucune facture ni connaissement, a, par jugement du 21 du même mois de thermidor, en faisant application de l'art. Ier de la loi du 29 nivôse de l'an 6, déclaré de bonne prise la goelette *les Trois-Amis*, ses agrès et apparaux, ainsi que sa cargaison, au profit des capteurs, armateurs et intéressés dans le corsaire *les Amis*.

Dès le 24 du même mois, il a été procédé à la vente du navire et du chargement, par un commissaire de la municipalité du lieu, faisant fonctions de juge de paix, sans qu'il paraisse que ce soient les C.^{ens} *Arnaud* et *Paillet* qui l'aient requise. Elle a été terminée le 26; et l'on voit, par le procès-verbal, que le produit s'en est élevé à 201,429 liv. 7 s. 8 den.

Le Conseil a vu que, dans la pétition qui a été présentée au tribunal de commerce en faveur des chargeurs, par les C.^{ens} *Arnaud* et *Paillet*, on a supposé que les marchandises anglaises n'appartenaient pas aux négocians *Lambert Mascillier* et *Fosdick*, et qu'elles avaient été chargées à leur insu.

Eh bien ! le contraire est prouvé par des papiers trouvés à bord, sinon pour les objets formant la pacotille du C.^{en} *Rivière*, du moins pour ceux censés appartenir au C.^{en} *Blanchet*.

Dans une lettre du C.^{en} *Lambert Mascillier*, datée de Boston, du 28 juin 1798 [10 messidor an 6], et adressée à la Guadeloupe au C.^{en} *Godefroy*, qui paraît être son beau-frère, il parle à ce dernier d'une pacotille qu'il lui envoie, sous le nom de *Blanchet* fils et adressée au C.^{en} *Blanchet* père ; il lui recommande de retirer cette pacotille et de la vendre aux meilleures conditions possibles, pour le compte de leur maison.

Par un billet sans date, adressé au C.^{en} *Blanchet* père, à la Guadeloupe, le C.^{en} *Lambert Mascillier*, qui l'a signé, mande à ce citoyen qu'il a été obligé d'emprunter le nom de son fils, pour couvrir une partie de sa cargaison.

Deux factures, sous la date du 29 juin 1798 [11 messidor an 6], des marchandises réputées appartenir à *Rivière* et à *Blanchet*, font connaître que le prix d'achat des premières était de 6231 gourdes, et celui des dernières de 4198 pareilles pièces de monnaie, ce qui revient à peu-près à la somme à laquelle le C.^{en} *Lambert Mascillier* avait évalué, par sa lettre du 3 mars 1798, les marchandises anglaises qu'il aurait fait passer à la Guadeloupe, si le commerce n'en eût pas été prohibé.

Il est assez vraisemblable que la pacotille embarquée sous le nom du C.^{en} *Rivière*, appartenait à la maison du C.^{en} *Lambert Mascillier*, comme les marchandises chargées sous celui de *Blanchet*. Mais en ne s'en tenant qu'à ces derniers objets, toujours est-il certain qu'ils étaient la propriété de cette maison ; que c'était frauduleusement qu'elle en avait fait l'envoi à la Guadeloupe ; qu'elle avait commis un faux en affirmant devant un notaire et devant le commissaire des relations commerciales françaises, qu'aucun objet dont l'introduction

4

fût défendue, ne faisait partie du chargement, et que le sauf-conduit que ce commissaire avait délivré, était le fruit de la surprise.

Le C.en *Lambert Mascillier* s'est rendu à la Guadeloupe dans les premiers mois de l'an 7. Le 7 frimaire il se présenta à la munici-palité de la commune du Petit-Canal, et y déclara être venu à la Guadeloupe pour y faire la réclamation de son navire, condamné au port de la Liberté le 21 thermidor de l'an 6.

Le 12 floréal suivant, il fit signifier aux C.ens *Arnaud* et *Paillet* un écrit signé de lui et du négociant *Fosdick*, sous la date du 27 ger-minal précédent, par lequel il leur déclarait qu'en conformité de la loi du 4 floréal de l'an 4, et vu qu'il n'y avait point de tribunal civil établi à la Guadeloupe, ils entendaient se pourvoir par appel au tribunal de la Loire-inférieure contre le jugement du 21 thermidor de l'an 6, lequel avait été exécuté sans avoir été signifié d'aucune manière. En conséquence, ils se sont portés formellement pour appelans de ce jugement au susdit tribunal de la Loire-inférieure, promettant de se pourvoir en temps utile, et se réservant à toutes demandes de dommages et intérêts. La signification de cet écrit contient aussi celle du jugement dont l'appel est interjeté, appel auquel il n'a été donné aucune suite.

Le 25 thermidor an 10, plus de trois ans après, le C.en *Lambert Mascillier*, pour lui et le C.en *Fosdick*, a présenté une pétition au préfet de la Guadeloupe, dans laquelle il a manifesté l'intention où il était de suivre l'effet de sa réclamation contre le jugement dont il s'agit, devant le Conseil des prises, à Paris. En conséquence il a demandé à ce magistrat de vouloir bien ordonner l'envoi à ce Conseil des pièces concernant le navire *les Trois-Amis*, ou qu'il en fût délivré des copies collationnées à lui pétitionnaire.

Le même jour l'administrateur de marine, faisant les fonctions de préfet, a ordonné que des copies de ces pièces, collationnées sur les originaux, seraient délivrées par l'interprète juré.

Le 5 fructidor an 10, le C.en *Lambert Mascillier*, qui est revenu habiter la Guadeloupe, a écrit au juge de paix du canton de la

Pointe-à-Pitre, dans l'objet de faire citer les sieurs *Arnaud* et *Paillet*, à l'effet de reconnaître des signatures apposées au pied des différentes pièces.

Un extrait des minutes du greffe de ce juge de paix, en date du 7 du même mois, fait connaître que le négociant *Paillet* a reconnu sa signature au pied de deux lettres des 11 thermidor et 7 fructidor de l'an 6 ; d'un état nominatif des intéressés au corsaire *les Amis*, du 26 frimaire an 7 ; de la pétition adressée à l'agent du Directoire exécutif le 11 thermidor de l'an 6, et de celle adressée au tribunal de commerce le 16 du même mois. L'état des intéréssés au corsaire ne se trouve point au dossier.

Le 9 du même mois de fructidor an 10, le C.^{en} *Lambert Mascillier* a fait commettre assignation aux C.^{ens} *Arnaud* et *Paillet*, à comparaître, dans quatre mois, devant le Conseil des prises, à Paris, pour voir ordonner la main-levée de la goelette américaine *les Trois-Amis*, et de son chargement, ou restitution du produit de la vente d'iceux, avec indemnité, dommages et intérêts.

De leur côté, les C.^{ens} *Arnaud* et *Paillet* ont fait signifier au C.^{en} *Lambert Mascillier*, 1.º la lettre de celui-ci, du 3 mars 1798;

2.º La pétition adressée à l'agent du Directoire exécutif, le 11 thermidor de l'an 6 ;

3.º La note adressée au C.^{en} *Blanchet* père, et signée dudit *Lambert Mascillier*.

Dans l'exploit de cette signification, les C.^{ens} *Arnaud* et *Paillet* ont prétendu que la confiscation du navire et du chargement n'avait été prononcée que par la faute du C.^{en} *Lambert Mascillier*, puisque c'était lui qui avait voulu faire arriver dans l'île des marchandises dont l'introduction était défendue; qu'eux, *Arnaud* et *Paillet*, avaient fait ce qui avait dépendu d'eux pour faire ordonner la main-levée du navire et du chargement; que si lui *Lambert* avait voulu se pourvoir contre le jugement du 21 thermidor, il fallait qu'il le fît en temps utile; qu'il n'y était plus recevable à présent; qu'au surplus, comme l'assignation qu'il leur avait fait donner les forçait à une défense officielle en France, ils lui déclaraient formellement qu'ils entendaient répéter contre lui tous les frais et dépens qui seraient la suite du déplacement du C.^{en} *Paillet*, ou de tout autre mandataire.

Le Conseil a été saisi de cette affaire par un mémoire enregistré en son secrétariat le 7 prairial dernier, et signé du C.^{en} *Bernier*, avoué au tribunal d'appel de Paris, comme fondé des pouvoirs de *Louis-Lambert Mascillier*, négociant français, agissant tant en son nom qu'en celui de la maison *Fosdick* et *Lambert*, ci-devant établie à Boston.

De son côté, le Ministre de la marine a adressé, le 8 messidor dernier, des copies collationnées et légalisées des pièces relatives à cette affaire.

Dans le mémoire dont il s'agit, on soutient,

1.º Que la fin de non-recevoir ne peut être accueillie, parce que le jugement n'a point été signifié, et parce que, s'il l'eût été, il aurait été du devoir des C.^{ens} *Arnaud* et *Paillet* d'en interjeter appel, en leur qualité de mandataires et de représentans du C.^{en} *Lambert Mascillier* et *Fosdick* ;

2.º Que le jugement du 21 thermidor est nul, parce qu'il ne contient aucune demande tendante à la validité de la prise ; que les C.^{ens} *Arnaud* et *Paillet* n'y sont pas même nommés ; qu'il n'y a point eu de conclusions prises de leur part ; que les C.^{ens} *Lambert Mascillier* et *Fosdick* n'ont point été appelés, et ont par conséquent été dans l'impossibilité de se défendre ; que ce jugement n'est point rédigé dans la forme voulue par la loi du mois d'août 1790, en ce que l'on n'y trouve ni la demande ni la défense, non plus que les questions de fait et de droit ;

3.º Que la visite des marchandises a été faite en l'absence des C.^{ens} *Lambert Mascillier* et *Fosdick*, ainsi que du capitaine *Shepherd*, et sans qu'ils aient été appelés, ce qui est suffisant pour faire rejeter le procès-verbal ;

4.º Qu'au départ du navire, la loi du 29 nivôse de l'an 6 n'était connue ni à Boston ni à la Guadeloupe ; qu'à cette époque les agens du Directoire à Saint-Domingue et à la Guadeloupe y permettaient l'introduction des marchandises anglaises, ainsi que le prouvent plusieurs arrêtés qui sont produits ; ce qui prouve que cette loi était sans application dans les colonies ;

5.° Qu'il est établi, par la pétition des C.ens *Arnaud* et *Paillet* au tribunal de commerce, que les marchandises qui ont dû se trouver dans deux boucauds, ne faisaient point partie de la cargaison, mais appartenaient aux C.ens *Rivière* et *Blanchet ;* et qu'ainsi, en les supposant dans le cas de la confiscation, elles seules en étaient susceptibles ;

6.° Que la cargaison était composée de marchandises innocentes ; que le sauf-conduit du commissaire des relations commerciales françaises faisait connaître que les C.ens *Lambert Mascillier* et *Fosdick* donnaient la préférence de leurs envois à la Guadeloupe, et présentait une garantie suffisante contre toute attaque ;

7.° Que l'art. IV de la convention du 8 vendémiaire an 9, entre la France et les États-unis, tranche d'ailleurs toute difficulté, puisqu'il porte que les propriétés capturées, et non encore condamnées définitivement, excepté les marchandises de contrebande destinées pour un port ennemi, seront rendues mutuellement, sur les preuves de propriété indiquées par le même article. Or, la condamnation prononcée par le tribunal de commerce de la Guadeloupe, n'est point définitive, par la raison que le jugement n'ayant point été signifié, n'a point acquis la force de la chose jugée. Cette question a été décidée ainsi par le Conseil, toutes les fois qu'elle s'est présentée.

Si, disent les C.ens *Lambert Mascillier* et *Fosdick* en terminant leur mémoire, le Conseil se détermine à ordonner la restitution demandée, par la considération du mal-jugé au fond, nul doute qu'il ne nous accorde des dommages et intérêts proportionnés à nos pertes. Ce qui doit encore le décider à en user ainsi, c'est la conduite perfide des C.ens *Arnaud* et *Paillet ,* consignataires de la cargaison et mandataires infidèles.

Voilà en substance quels sont les moyens des C.ens *Lambert*

Mascillier et *Fosdick*. Quant aux C.ᵉⁿˢ *Arnaud* et *Paillet*, aucun mémoire n'a été fourni de leur part.

Cette affaire me paraît présenter quatre questions à résoudre :

La première consiste à savoir si la fin de non-recevoir opposée doit être admise ;

La seconde, si le procès-verbal de vérification des marchandises est nul, comme les C.ᵉⁿˢ *Lambert Mascillier* et *Fosdick* le prétendent ;

La troisième, si le jugement est régulier dans la forme et juste au fond ;

La quatrième enfin, s'il y a lieu de faire à l'affaire présente l'application de l'article IV de la convention du 8 vendémiaire de l'an 9.

I.ʳᵉ QUESTION.

Il paraît certain que le jugement du 21 thermidor de l'an 6 n'a point été signifié. Les C.ᵉⁿˢ *Arnaud* et *Paillet* n'ont point contesté l'assertion qui en a été faite dans l'assignation qui leur a été donnée. Leur silence sur ce fait, dans l'écrit qu'ils ont fait signifier en réponse, en est une reconnaissance tacite. La fin de non-recevoir qu'ils ont opposée dans cet écrit doit donc être rejetée.

2.ᵉ QUESTION.

Sur la seconde question, j'observe que le procès-verbal de vérification des marchandises n'est point rapporté, et que les C.ᵉⁿˢ *Lambert Mascillier* et *Fosdick* en parlent d'une manière à faire croire qu'ils en ont une expédition : il est étonnant qu'ils ne l'aient pas produite. Il est plus que probable que leurs consignataires ont été présens à cette vérification. Au surplus, quand il serait vrai qu'elle aurait été faite en leur absence et en celle du capitaine *Shepherd*, il n'en résulterait assurément pas que l'on dût regarder comme douteuse l'origine anglaise des marchandises ; car le déguisement dont ces négocians ont fait usage, les fausses affirmations qu'ils se sont permises pour introduire frauduleusement ces marchandises à la Guadeloupe, sont une preuve morale et sans réplique qu'en effet elles étaient de fabrique anglaise.

3.ᵉ QUESTION.

Si l'on veut en croire les C.ᵉⁿˢ *Lambert Mascillier* et *Fosdick*, le jugement est irrégulier dans la forme et injuste au fond.

Je ne prétendrai point qu'on ait eu raison d'y omettre les questions de fait et de droit; mais je remarquerai que tous les jugemens en matière de prises, rendus au tribunal de la Guadeloupe, l'ont été dans cette forme. Or il est de principe qu'un usage qui s'écarte des règles, finit par acquérir force de loi, lorsqu'il est constamment suivi.

Ces négocians prétendent qu'ils n'ont point été appelés, qu'ils ont été jugés sans être entendus, &c.

Je réponds que, dans l'affaire présente, la pétition présentée au tribunal de commerce par les C.ᵉⁿˢ *Arnaud* et *Paillet* prouve que les C.ᵉⁿˢ *Lambert Mascillier* et *Fosdick* ont été défendus.

A l'égard du bien-jugé, je ne vois aucune raison qui pût autoriser les juges à prononcer autrement qu'ils ne l'ont fait.

Il n'est pas vrai qu'au départ du navire de Boston, la loi du 29 nivôse de l'an 6 n'y fût pas connue. La lettre du C.ᵉⁿ *Lambert Mascillier* aux C.ᵉⁿˢ *Arnaud* et *Paillet,* du 3 mars 1798, prouve le contraire.

Les permissions délivrées par les agens du Directoire exécutif à Saint-Domingue et à la Guadeloupe, donnent lieu à une induction toute contraire à la conséquence que l'on en tire.

En effet, s'il fallait une permission spéciale et personnelle pour importer, soit à la Guadeloupe soit à Saint-Domingue, des marchandises de fabrique anglaise, lorsque la nécessité forçait à l'emploi de cette mesure, on y faisait donc exécuter la loi qui prohibait le commerce de ces sortes de marchandises.

Or les C.^{ens} *Lambert Mascillier* et *Fosdick* n'avaient point obtenu une pareille permission pour les marchandises qu'ils avaient fait charger sur leur goelette.

Il est prouvé, disent-ils, par la pétition des C.^{ens} *Arnaud* et *Paillet* au tribunal de commerce, que ces marchandises ne faisaient point partie de la cargaison. Je réponds qu'au contraire il est prouvé, et par la lettre du C.^{en} *Lambert Mascillier*, du 28 juin 1798, adressée au C.^{en} *Godefroi*, et par la note signée de lui, adressée au C.^{en} *Blanchet* père, qu'elles étaient bien véritablement la propriété de lui et de *Fosdick* ; sinon celles réputées appartenir au C.^{en} *Rivière*, du moins celles embarquées sous le nom de *Blanchet*.

Selon eux, il n'y avait que ces marchandises qui pussent être susceptibles de confiscation ; mais le contraire est établi par la loi même du 29 nivôse de l'an 6, qui alors s'exécutait avec sévérité.

Ils invoquent le sauf-conduit du commissaire français ; mais il n'a été expédié que d'après l'affirmation frauduleuse par eux faite qu'il n'y avait à bord aucune marchandise prohibée : cette pièce avait donc été surprise et obtenue sur un faux exposé.

De tout ceci, il faut conclure que la confiscation du navire et du chargement a été justement prononcée, et que, sans la convention du 8 vendémiaire de l'an 9, les C.^{ens} *Lambert Mascillier* et *Fosdick* seraient mal fondés à se plaindre du jugement qui l'a prononcée.

Je sais que, dans quelques affaires, le Conseil a tempéré la rigueur des principes, et a donné main-levée de navires où il s'était trouvé des marchandises de fabrique anglaise, quoique la saisie en eût été faite dans le temps où la loi du 29 nivôse de l'an 6 était en vigueur ; mais ç'a été dans des circonstances où les capturés étaient de bonne foi, et où les choses étaient encore entières ; ce qui ne se rencontre point dans l'affaire présente.

4.ᵉ QUESTION.

La convention du 8 vendémiaire de l'an 9 peut-elle être invoquée par les C.ᵉⁿˢ *Lambert Mascillier* et *Fosdick!* c'est la dernière question qu'il me reste à examiner.

Si elle devait être décidée pour l'affirmative, j'avoue que je trouverais les C.ᵉⁿˢ *Arnaud* et *Paillet* fort à plaindre ; car n'ayant conservé entre leurs mains qu'une faible partie du produit de la confiscation, ils seraient obligés de répondre des sommes que leurs actionnaires et l'équipage de leur corsaire ont touchées, sommes que très-probablement ils ne parviendraient jamais à recouvrer.

Cette observation suffit pour prouver qu'il serait souverainement injuste de prononcer contre eux des dommages et intérêts.

J'ajouterai que le reproche de perfidie qui leur est fait ne me paraît nullement mérité ; ils ont fait, comme consignataires et mandataires des C.ᵉⁿˢ *Lambert Mascillier* et *Fosdick*, tout ce qu'ils pouvaient faire pour la conservation de leurs intérêts ; ils n'ont pas eu d'ailleurs le droit de renoncer à la prise, qui était fondée, soit parce qu'ils ne pouvaient faire le sacrifice des intérêts des actionnaires et de l'équipage, soit parce que les principes en matière de prises maritimes ne permettent pas que le sort d'un navire capturé soit décidé d'une autre manière que par un jugement.

Je reviens à la question de l'application de l'article IV de la convention du 8 vendémiaire de l'an 9 à l'affaire présente.

Le Conseil a vu que le C.ᵉⁿ *Lambert* est un Français qui a été établir une maison de commerce à Boston, avec le C.ᵉⁿ *Fosdick*, qui paraît, comme lui, être étranger à ce pays ; il ne s'agit par conséquent point ici de sujets des États-unis.

Or il semble que la convention du 8 vendémiaire de l'an 9 ne se rapporte qu'aux habitans véritablement sujets des États-unis, et non à des étrangers qui n'y sont allés résider que momentanément, comme a fait le C.ᵉⁿ *Lambert*, qui habite présentement la Pointe-à-

Pitre à la Guadeloupe, et comme a probablement fait son associé.

Je sais que l'article IV de la convention porte que la propriété américaine sera prouvée par le passe-port; mais cela ne peut s'entendre que des cas où il n'est pas prouvé que cette propriété est celle d'étrangers qui n'ont point justifié de lettres de naturalisation.

Le Conseil a toujours tenu pour principe que des neutres établis dans un pays ennemi, sans y être naturalisés, n'étaient point privés des avantages de la neutralité.

De ce principe on doit tirer la conséquence qu'ils ne doivent point participer à ceux qui sont personnels aux habitans nés dans le pays, ou qui s'y sont fait naturaliser.

Enfin, d'après l'article V du traité conclu entre la France et les États-unis, le 10 floréal de l'an 11 [30 avril 1803], les citoyens des États-unis qui ont établi des maisons de commerce avec des étrangers, dans des pays autres que ceux de ces états, ne peuvent prendre part aux vingt millions qui y sont stipulés. Le même article porte : « Sont pareillement exceptés, tous accords et pactes concer-» nant des marchandises qui ne seraient pas la propriété de citoyens » américains. »

Ne résulte-t-il pas de là que, pour être fondé à réclamer l'application de la convention du 8 vendémiaire de l'an 9, et du traité du 10 floréal de l'an 11, il ne suffit pas d'habiter les États-unis, mais qu'il faut encore en être citoyen ? Peut-on supposer que les puissances contractantes aient eu l'intention de traiter plus favorablement des étrangers établis dans les États-unis, que des citoyens de ces états résidant dans d'autres pays? Enfin, comment le C.en *Lambert Mascillier* peut-il prétendre faire usage, lui étranger, du privilége des citoyens des États-unis, pour réclamer des objets justement confisqués, qu'eux citoyens ne pourraient réclamer, par la raison qu'ils ne leur appartenaient pas?

Je pense donc que l'application de l'article IV de la convention du 8 vendémiaire de l'an 9 ne peut être réclamée par les C.ens *Lambert Mascillier* et *Fosdick*, auxquels on a d'ailleurs à reprocher, comme je l'ai déjà dit, du déguisement et de la fraude, et d'avoir faussement attesté devant un notaire de Boston, ainsi que devant le commissaire des relations commerciales françaises en la même ville, qu'il n'avait été embarqué aucune marchandise prohibée sur leur goelette.

En conséquence, je conclus à ce qu'ils soient déclarés mal fondés dans leur demande, et à ce qu'ils en soient déboutés.

Délibéré ce 2 ventôse an 12.

Signé COLLET-DESCOSTILS.

Ouï le rapport du C.^{en} *Laloy*, membre du Conseil, tout vu et considéré ;

Le Conseil, conformément aux conclusions du Commissaire du Gouvernement, en déclarant l'article IV de la convention du 8 vendémiaire an 9, entre la République française et les États-unis d'Amérique, inapplicable à *Lambert Mascillier* et *Fosdick*, les déboute de leur réclamation du navire *les Trois-Amis*, et de son chargement, pris par le corsaire français *les Amis*.

Fait le 2 ventôse, an 12 de la République française. Présens les C.^{ens} BERLIER, *président ;* NIOU, LACOSTE, MONTIGNY-MONPLAISIR, TOURNACHON, LALOY, LE CAMUS DE NÉVILLE, MOREAU, PARSEVAL-GRAND-MAISON, tous membres du Conseil des Prises, séant à Paris, maison de l'Oratoire.

AU NOM DU PEUPLE FRANÇAIS, il est ordonné à tous huissiers sur ce requis de mettre la présente décision à exécution ; à tous commandans et officiers de la force

publique , de prêter main-forte lorsqu'ils en seront léga-
lement requis ; et aux commissaires du Gouvernement ,
tant intérieurs qu'extérieurs , d'y tenir la main.

En foi de quoi la présente décision a été signée par le
président du Conseil et par le rapporteur.

Par le Conseil :

Le secrétaire général, signé CALMELET.

A PARIS, DE L'IMPRIMERIE DE LA RÉPUBLIQUE.
Ventôse an XII.

www.ingramcontent.com/pod-product-compliance
Lightning Source LLC
Chambersburg PA
CBHW060724280326
41933CB00013B/2551